金剛般若波羅蜜經

금 / 강 / 반 / 야 / 바 / 라 / 밀 / 경

일러두기

1. 본 금강경은 고려대장경 구마라집 역을 저본으로 하였습니다.
2. 고려대장경 구마라집 역 금강경은 동국대 불교학술원(abchome.dongguk.edu)에서 검색하실 수 있습니다.

한 | 문 | 사 | 경 | 본

조계종 표준

금 / 강 / 반 / 야 / 바 / 라 / 밀 / 경

金剛般若波羅蜜經

대한불교조계종 교육원 편역

조계종출판사

《금강경》 사경을 권하며

사경寫經은 말 그대로 부처님의 말씀이 담긴 경전을 베껴 쓰는 수행입니다. 부처님의 말씀은 사경을 통해 개인의 무명無明을 밝히고 민족과 국경을 넘어 세계로 퍼져 나갔습니다. 신라의 혜초 스님을 비롯해 수많은 구법승들이 목숨을 걸고 구법 여행을 떠났습니다. 그분들이 목숨을 담보로 얻고자 했던 것은 바로 경전이었습니다. 그리고 그 한 권의 경전은 다름 아닌 사경을 통해 탄생한 것입니다. 그런 점에서 사경은 개인적으로 볼 때 부처님의 말씀을 되새기는 수행이지만 불교적 차원에서 볼 때 불법을 펴는 법공양인 것입니다.

문화적 관점에서 보면 사경은 부처님의 가르침을 전하고 한 나라의 인쇄술을 꽃피우는 것이었습니다. 이처럼 사경은 사상과 문화를 풍요롭게 하는 지적·문화적 활동의 핵심이었습니다. 사경으로 인해 불법의 가르침은 더 많은 사람들에게 전승될 수 있었으며, 인류의 지적 전통은 후대로 전승될 수 있었기 때문입니다. 세계문화유산으로 등재된 고려대장경 역시 이와 같은 사경문화의 결정체라고 해야 할 것입니다.

종교적 측면에서 볼 때 사경에는 크게 두 가지 공덕이 있습니다. 첫째 사경은 자기 스스로를 위한 자리自利의 수행입니다. 정성 들여 부처님의 거룩한 말씀을 한 자 한 자 옮겨 적는 동안 수행자는 부처님의 말씀 속으로 온전히 들어가게 됩니다. 눈으로 경전을 읽고, 입으로 경전을 독송하며, 마음으로 경전의 내용을 음미하며, 몸으로 베껴 쓰는 것이 사경이기 때문입니다. 따라서 사경 수행은 신구의身口意 삼업三業을 다스리는 최고의 수행이 아닐 수 없습니다.

불자들은 사경을 통해 부처님의 말씀을 오롯이 가슴에 새기게 되고, 진리의 가르침이 가슴 깊이 배어들게 됩니다. 그래서 비록 종이 위에 경전을 베껴 쓰더라도 부처님의 말씀이 기록되는 곳은 종이가 아니라 바로 우리 마음입니다. 이처럼 사경은 부처님의 말씀을 가슴에 아로새기는 수행이며, 거룩한 진리를 마음에 채우는 수행입니다.

특히 대한불교조계종의 소의경전인 《금강경》은 모든 무명을 깨뜨리는 최고의 지혜를 담고 있는 경전입니다. 그러므로 《금강경》을 사경하는 것은 다이아몬드처럼 견고한 지혜를 연마하는 수행입니다. 《금강경》을 베껴 쓰는 동안 우리의 마음은 금강석처럼 견고해지고, 마침내 사바의 고통을 건너가게 될 것입니다.

둘째, 사경은 남을 위한 이타利他의 수행입니다. 내가 정성을 다해 사경한 경전은 부처님의 말씀을 전하는 소중한 전법의 매개가 되어왔습니다. 인쇄술이 발전하기 전에 부처님의 말씀은 사경을 통해 널리 전파되었습니다. 내가 사경한 경전을 통해 다른 사람이 부처님의 말씀을 접하게 되고, 그 사람도 진리의 세계에 머물게 됩니다. 사경은 부처님의 말씀을 전파하는 전법의 행위였고 법공양의 실천이었기 때문입니다.

사경을 하는 데는 글씨를 잘 쓰고, 못 쓰고는 문제되지 않습니다. 무엇보다 중요한 것은 부처님의 말씀을 내 마음에 새긴다는 간절한 마음으로 몸과 마음을 가다듬는 것이 중요합니다. 한 자 한 자 진리의 말씀을 옮겨 적는 동안 수행자의 마음은 차분히 가라앉게 되고, 그렇게 맑아진 마음에 진리의 태양이 찬란하게 빛나게 될 것입니다.

특히 이번에 발간하는 사경본은 조계종 표준 《금강경》을 저본으로 한 것이기에 더욱 남다른 의미가 있습니다. 아무쪼록 이 경전을 사경하시면서 모든 불자님의 마음이 거울처럼 맑아져서 자비로운 지혜 광명으로 찬란하게 빛나기를 기원합니다.

2553(2009)년 3월

대한불교조계종 교육원장 청　화

사경 의식 순서

1. 주변을 깨끗이 정리정돈하고 몸과 마음을 가다듬는다.

   (이때 독경 테이프나 범패를 들어도 좋다.)

2. 향을 사른다.

3. 삼귀의례를 한다.

4. 《금강반야바라밀경》의 내용을 마음에 새기면서 독송한다.

5. 사경 발원문을 낭송한다.

6. 불단에 삼배를 올린다. 불단이 없을 경우 경전에 삼배를 올린다.

7. 약 5분 정도 입정한다.

8. 경전의 내용을 마음에 새기면서 사경한다.

9. 오자, 탈자를 확인하며 사경한 경전을 독송한다.

10. 사경 회향문을 낭송한다.

11. 사홍서원을 한다.

12. 불단 혹은 저본 경전과 사경본에 삼배를 올린다.

13. 완성한 사경을 잘 보관한다.

사경 도중에는 일체의 잡된 일을 하지 않도록 한다. 정한 시간만큼은 다른 장애물이 끼어들지 않도록 미리 조치한다. 부득이하게 사경을 중단했을 경우에는 입정 시간을 다시 갖고 시작한다. 입정을 통해 마음을 가다듬지 않으면 집중이 흐트러지거나 마음이 급해져 오자나 탈자가 생기기 쉽고, 이럴 때에는 수행이 이루어지지 않기 때문이다. 사경은 부처님의 말씀을 옮겨 쓰면서 마음에 새기는 수행이기 때문에 일심一心으로 임해야 한다. 오자나 탈자는 부처님의 말씀을 마음대로 바꾸는 행위가 되므로 특히 주의해야 한다.

발원문

내 이제 일념으로 서원하노니

미래세 다하도록

필사한 이 경전 파손되지 않고

설사 삼재로 삼천대천세계 부서진다 해도

이 사경 허공처럼 파괴되지 말지어다.

중생이 이 경에 의지하여

부처님 뵙고 법문 들으며 사리 받들고

보리심을 발하여 용맹정진하고

보현보살의 행원 닦아 속히 성불케 하소서. — 신라 백지묵서 《대방광불화엄경》

개인 발원문

◈이름(법명) | 합장   ◈사경시작일 | 년   월   일

金剛般若波羅蜜經
금 강 반 야 바 라 밀 경

姚秦 天竺三藏 鳩摩羅什 譯
요진 천축삼장 구마라집 역

一. 法會因由分
법 회 인 유 분

如是我聞 一時 佛在舍衛國
여 시 아 문　일 시　불 재 사 위 국

祇樹給孤獨園 與大比丘衆 千
기 수 급 고 독 원　여 대 비 구 중　천

二百五十人俱 爾時 世尊食
이 백 오 십 인 구　이 시　세 존 식

時 著衣持鉢 入舍衛大城乞
시　착 의 지 발　입 사 위 대 성 걸

食 於其城中 次第乞已 還至
식 어기성중 차제걸이 환지

本處 飯食訖 收衣鉢 洗足已
본처 반사흘 수의발 세족이

敷座而坐
부좌이좌

二. 善現起請分
선현기청분

時 長老須菩提 在大衆中 卽
시 장로수보리 재대중중 즉

從座起 偏袒右肩 右膝著地
종좌기 편단우견 우슬착지

合掌恭敬 而白佛言 希有世
합장공경 이백불언 희유세

尊 如來善護念諸菩薩 善付囑
존 여래선호념제보살 선부촉

諸菩薩 世尊 善男子善女人
제보살 세존 선남자선여인

發阿耨多羅三藐三菩提心 應
발 아누다라삼먁삼보리심 응

云何住 云何降伏其心 佛言
운하주 운하항복기심 불언

善哉善哉 須菩提 如汝所說
선재선재 수보리 여여소설

如來 善護念諸菩薩 善付囑
여래 선호념제보살 선부촉

諸菩薩 汝今諦聽 當爲汝說
제보살 여금제청 당위여설

善男子善女人 發阿耨多羅三
선남자선여인 발아누다라삼

藐三菩提心　應如是住　如是
먁 삼 보 리 심 　응 여 시 주 　여 시

降伏其心　唯然世尊　願樂欲聞
항 복 기 심 　유 연 세 존 　원 요 욕 문

三. 大乘正宗分
대 승 정 종 분

佛告須菩提　諸菩薩摩訶薩　應
불 고 수 보 리 　제 보 살 마 하 살 응

如是降伏其心　所有一切衆
여 시 항 복 기 심 　소 유 일 체 중

生之類　若卵生　若胎生　若濕
생 지 류 　약 난 생 　약 태 생 　약 습

生　若化生　若有色　若無色
생 　약 화 생 　약 유 색 　약 무 색

11

若有想　若無想　若非有想非
약 유 상　약 무 상　약 비 유 상 비

無想　我皆令入無餘涅槃　而
무 상　아 개 영 입 무 여 열 반　이

滅度之　如是滅度無量無數無
멸 도 지　여 시 멸 도 무 량 무 수 무

邊衆生　實無衆生得滅度者
변 중 생　실 무 중 생 득 멸 도 자

何以故　須菩提　若菩薩　有我
하 이 고　수 보 리　약 보 살　유 아

相　人相　衆生相　壽者相　卽非
상　인 상　중 생 상　수 자 상　즉 비

菩薩
보 살

四. 妙行無住分
묘 행 무 주 분

復次須菩提　菩薩於法　應無
부 차 수 보 리　보 살 어 법　응 무

所住　行於布施　所謂不住色
소 주　행 어 보 시　소 위 부 주 색

布施　不住聲香味觸法布施
보 시　부 주 성 향 미 촉 법 보 시

須菩提　菩薩應如是布施　不
수 보 리　보 살 응 여 시 보 시　부

住於相　何以故　若菩薩不住
주 어 상　하 이 고　약 보 살 부 주

相布施　其福德不可思量　須
상 보 시　기 복 덕 불 가 사 량　수

菩提　於意云何　東方虛空　可
보 리　어 의 운 하　동 방 허 공　가

13

思量不　不也世尊　須菩提　南
사 량 부　불 야 세 존　수 보 리　남

西北方　四維上下虛空　可思
서 북 방　사 유 상 하 허 공　가 사

量不　不也世尊　須菩提　菩薩
량 부　불 야 세 존　수 보 리　보 살

無住相布施福德　亦復如是
무 주 상 보 시 복 덕　역 부 여 시

不可思量　須菩提　菩薩但應
불 가 사 량　수 보 리　보 살 단 응

如所敎住
여 소 교 주

五. 如理實見分
여 리 실 견 분

須菩提 於意云何 可以身相
수 보 리　어 의 운 하　가 이 신 상

見如來不 不也世尊 不可以
견 여 래 부　불 야 세 존　불 가 이

身相 得見如來 何以故 如來
신 상　득 견 여 래　하 이 고　여 래

所說身相 卽非身相 佛告須
소 설 신 상　즉 비 신 상　불 고 수

菩提 凡所有相 皆是虛妄 若
보 리　범 소 유 상　개 시 허 망　약

見諸相非相 則見如來
견 제 상 비 상　즉 견 여 래

六. 正信希有分
정 신 희 유 분

須菩提白佛言 世尊 頗有衆
수 보 리 백 불 언　세 존　파 유 중

生 得聞如是言說章句 生實
생　득 문 여 시 언 설 장 구　생 실

信不 佛告須菩提 莫作是說
신 부　불 고 수 보 리　막 작 시 설

如來滅後 後五百歲 有持戒
여 래 멸 후　후 오 백 세　유 지 계

修福者 於此章句 能生信心
수 복 자　어 차 장 구　능 생 신 심

以此爲實 當知是人 不於一
이 차 위 실　당 지 시 인　불 어 일

佛二佛三四五佛 而種善根
불 이 불 삼 사 오 불　이 종 선 근

已於無量 千萬佛所 種諸善
이 어 무 량　천 만 불 소　종 제 선

根 聞是章句 乃至一念 生淨
근　문 시 장 구　내 지 일 념　생 정

信者 須菩提 如來悉知悉見
신 자　수 보 리　여 래 실 지 실 견

是諸衆生 得如是無量福德
시 제 중 생　득 여 시 무 량 복 덕

何以故 是諸衆生 無復我相
하 이 고　시 제 중 생　무 부 아 상

人相衆生相壽者相 無法相
인 상 중 생 상 수 자 상　무 법 상

亦無非法相 何以故 是諸衆
역 무 비 법 상　하 이 고　시 제 중

生 若心取相 則爲着我人衆
생　약 심 취 상　즉 위 착 아 인 중

生壽者 若取法相 卽着我人
생 수 자 약 취 법 상 즉 착 아 인

衆生壽者 何以故 若取非法
중 생 수 자 하 이 고 약 취 비 법

相 卽着我人衆生壽者 是故
상 즉 착 아 인 중 생 수 자 시 고

不應取法 不應取非法 以是
불 응 취 법 불 응 취 비 법 이 시

義故 如來常說 汝等比丘 知
의 고 여 래 상 설 여 등 비 구 지

我說法 如筏喻者 法尚應捨
아 설 법 여 벌 유 자 법 상 응 사

何況非法
하 황 비 법

七. 無得無說分
무 득 무 설 분

須菩提 於意云何 如來得阿
수 보 리　어 의 운 하　여 래 득 아

耨多羅三藐三菩提耶 如來有
누 다 라 삼 먁 삼 보 리 야　여 래 유

所說法耶 須菩提言 如我解
소 설 법 야　수 보 리 언　여 아 해

佛所說義 無有定法名阿耨
불 소 설 의　무 유 정 법 명 아 누

多羅三藐三菩提 亦無有定法
다 라 삼 먁 삼 보 리　역 무 유 정 법

如來可說 何以故 如來所說
여 래 가 설　하 이 고　여 래 소 설

法 皆不可取 不可說 非法 非
법　개 불 가 취　불 가 설　비 법 비

非法 所以者何 一切賢聖 皆
비 법 소 이 자 하 일 체 현 성 개

以無爲法 而有差別
이 무 위 법 이 유 차 별

八. 依法出生分
의 법 출 생 분

須菩提 於意云何 若人 滿三
수 보 리 어 의 운 하 약 인 만 삼

千大千世界七寶 以用布施
천 대 천 세 계 칠 보 이 용 보 시

是人 所得福德 寧爲多不 須
시 인 소 득 복 덕 영 위 다 부 수

菩提言 甚多世尊 何以故 是
보 리 언 심 다 세 존 하 이 고 시

福德 卽非福德性 是故如來
복 덕 즉 비 복 덕 성 시 고 여 래

說福德多 若復有人 於此經
설 복 덕 다 약 부 유 인 어 차 경

中 受持乃至四句偈等 爲他
중 수 지 내 지 사 구 게 등 위 타

人說 其福勝彼 何以故 須菩
인 설 기 복 승 피 하 이 고 수 보

提 一切諸佛 及諸佛阿耨多
리 일 체 제 불 급 제 불 아 누 다

羅三藐三菩提法 皆從此經出
라 삼 먁 삼 보 리 법 개 종 차 경 출

須菩提 所謂佛法者 卽非
수 보 리 소 위 불 법 자 즉 비

佛法
불 법

九. 一相無相分
일 상 무 상 분

須菩提 於意云何 須陁洹 能
수보리 어의운하 수다원 능

作是念 我得須陁洹果不 須
작시념 아득수다원과부 수

菩提言 不也世尊 何以故 須
보리언 불야세존 하이고 수

陁洹 名爲入流 而無所入 不
다원 명위입류 이무소입 불

入色聲香味觸法 是名須陁洹
입색성향미촉법 시명수다원

須菩提 於意云何 斯陁含 能
수보리 어의운하 사다함 능

作是念 我得斯陁含果不 須
작시념 아득사다함과부 수

菩提言 不也世尊 何以故 斯
보리언 불야세존 하이고 사

陁含 名一往來 而實無往來
다함 명일왕래 이실무왕래

是名斯陁含 須菩提 於意云
시명사다함 수보리 어의운

何 阿那含 能作是念 我得阿
하 아나함 능작시념 아득아

那含果不 須菩提言 不也世
나함과부 수보리언 불야세

尊 何以故 阿那含 名爲不來
존 하이고 아나함 명위불래

而實無不來 是故 名阿那含
이실무불래 시고 명아나함

須菩提 於意云何 阿羅漢 能
수보리 어의운하 아라한 능

作是念 我得阿羅漢道不 須
작 시 념　아 득 아 라 한 도 부　수

菩提言 不也世尊 何以故
보 리 언　불 야 세 존　하 이 고

實無有法名阿羅漢 世尊 若
실 무 유 법 명 아 라 한　세 존　약

阿羅漢 作是念 我得阿羅漢
아 라 한　작 시 념　아 득 아 라 한

道 即爲着我人衆生壽者 世
도　즉 위 착 아 인 중 생 수 자　세

尊 佛說我得無諍三昧人中
존　불 설 아 득 무 쟁 삼 매 인 중

最爲第一 是第一離欲阿羅漢
최 위 제 일　시 제 일 이 욕 아 라 한

我不作是念 我是離欲阿羅漢
아 부 작 시 념　아 시 이 욕 아 라 한

世尊 我若作是念 我得阿羅
세 존　아 약 작 시 념　아 득 아 라

漢道 世尊 則不說 須菩提是
한 도　세 존　즉 불 설　수 보 리 시

樂阿蘭那行者 以須菩提實無
요 아 란 나 행 자　이 수 보 리 실 무

所行 而名須菩提 是樂阿蘭
소 행　이 명 수 보 리　시 요 아 란

那行
나 행

十. 莊嚴淨土分
장 엄 정 토 분

佛告須菩提 於意云何 如來
불 고 수 보 리　어 의 운 하　여 래

25

昔在然燈佛所　於法有所得
석 재 연 등 불 소　어 법 유 소 득

不　不也世尊　如來在然燈佛
부　불 야 세 존　여 래 재 연 등 불

所　於法實無所得　須菩提　於
소　어 법 실 무 소 득　수 보 리　어

意云何　菩薩　莊嚴佛土不　不
의 운 하　보 살　장 엄 불 토 부　불

也世尊　何以故　莊嚴佛土者
야 세 존　하 이 고　장 엄 불 토 자

則非莊嚴　是名莊嚴　是故　須
즉 비 장 엄　시 명 장 엄　시 고　수

菩提　諸菩薩摩訶薩　應如是生
보 리　제 보 살 마 하 살　응 여 시 생

清淨心　不應住色生心　不應
청 정 심　불 응 주 색 생 심　불 응

住聲香味觸法生心 應無所住
주 성 향 미 촉 법 생 심 응 무 소 주

而生其心 須菩提 譬如有人
이 생 기 심 수 보 리 비 여 유 인

身如須彌山王 於意云何 是
신 여 수 미 산 왕 어 의 운 하 시

身爲大不 須菩提言 甚大世
신 위 대 부 수 보 리 언 심 대 세

尊 何以故 佛說非身 是名大
존 하 이 고 불 설 비 신 시 명 대

身
신

十一. 無爲福勝分
무 위 복 승 분

須菩提 如恒河中所有沙數
수 보 리　여 항 하 중 소 유 사 수

如是沙等恒河 於意云何 是
여 시 사 등 항 하　어 의 운 하　시

諸恒河沙 寧爲多不 須菩提
제 항 하 사　영 위 다 부　수 보 리

言 甚多世尊 但諸恒河 尚多
언　심 다 세 존　단 제 항 하　상 다

無數 何況其沙 須菩提 我今
무 수　하 황 기 사　수 보 리　아 금

實言告汝 若有善男子善女人
실 언 고 여　약 유 선 남 자 선 여 인

以七寶滿爾所恒河沙數三千
이 칠 보 만 이 소 항 하 사 수 삼 천

28

大千世界 以用布施 得福多不
대 천 세 계　이 용 보 시　득 복 다 부

須菩提言 甚多世尊 佛告須
수 보 리 언　심 다 세 존　불 고 수

菩提 若善男子善女人 於此
보 리　약 선 남 자 선 여 인　어 차

經中 乃至受持四句偈等 爲
경 중　내 지 수 지 사 구 게 등　위

他人說 而此福德 勝前福德
타 인 설　이 차 복 덕　승 전 복 덕

十二. 尊重正教分
존 중 정 교 분

復次須菩提 隨說是經 乃至
부 차 수 보 리　수 설 시 경　내 지

29

四句偈等　當知此處　一切世
사 구 게 등　당 지 차 처　일 체 세

間天人阿修羅　皆應供養　如
간 천 인 아 수 라　개 응 공 양　여

佛塔廟　何況有人盡能受持讀
불 탑 묘　하 황 유 인 진 능 수 지 독

誦　須菩提　當知是人成就最
송　수 보 리　당 지 시 인 성 취 최

上第一希有之法　若是經典
상 제 일 희 유 지 법　약 시 경 전

所在之處　則爲有佛　若尊重
소 재 지 처　즉 위 유 불　약 존 중

弟子
제 자

十三. 如法受持分
여 법 수 지 분

爾時 須菩提白佛言 世尊 當
이 시 　수 보 리 백 불 언 　세 존 　당

何名此經 我等云何奉持 佛
하 명 차 경 　아 등 운 하 봉 지 　불

告須菩提 是經名爲金剛般若
고 수 보 리 　시 경 명 위 금 강 반 야

波羅蜜 以是名字 汝當奉持
바 라 밀 　이 시 명 자 　여 당 봉 지

所以者何 須菩提 佛說般若
소 이 자 하 　수 보 리 　불 설 반 야

波羅蜜 則非般若波羅蜜 是
바 라 밀 　즉 비 반 야 바 라 밀 　시

名般若波羅蜜 須菩提 於意
명 반 야 바 라 밀 　수 보 리 　어 의

云何 如來有所說法不 須菩
운하 여래유소설법부 수보

提白佛言 世尊 如來無所說
리백불언 세존 여래무소설

須菩提 於意云何 三千大千
수보리 어의운하 삼천대천

世界 所有微塵 是爲多不 須
세계 소유미진 시위다부 수

菩提言 甚多世尊 須菩提 諸
보리언 심다세존 수보리 제

微塵 如來說非微塵 是名微
미진 여래설비미진 시명미

塵 如來說世界 非世界 是名
진 여래설세계 비세계 시명

世界 須菩提 於意云何 可以
세계 수보리 어의운하 가이

32

三十二相 見如來不 不也世尊
삼 십 이 상 견 여 래 부 불 야 세 존

不可以三十二相 得見如來 何
불 가 이 삼 십 이 상 득 견 여 래 하

以故 如來說三十二相 卽是
이 고 여 래 설 삼 십 이 상 즉 시

非相 是名三十二相 須菩提
비 상 시 명 삼 십 이 상 수 보 리

若有善男子善女人 以恒河沙
약 유 선 남 자 선 여 인 이 항 하 사

等身命布施 若復有人 於此
등 신 명 보 시 약 부 유 인 어 차

經中 乃至受持四句偈等 爲
경 중 내 지 수 지 사 구 게 등 위

他人說 其福甚多
타 인 설 기 복 심 다

十四. 離相寂滅分
이 상 적 멸 분

爾時　須菩提　聞說是經　深解
이시　수보리　문설시경　심해

義趣　涕淚悲泣　而白佛言　希
의취　체루비읍　이백불언　희

有世尊　佛說如是甚深經典
유세존　불설여시심심경전

我從昔來所得慧眼　未曾得聞
아종석래소득혜안　미증득문

如是之經　世尊　若復有人　得
여시지경　세존　약부유인　득

聞是經　信心清淨　則生實相
문시경　신심청정　즉생실상

當知是人　成就第一希有功德
당지시인　성취제일희유공덕

世尊 是實相者 則是非相 是
세존 시실상자 즉시비상 시

故 如來說名實相 世尊我今
고 여래설명실상 세존아금

得聞如是經典 信解受持 不
득문여시경전 신해수지 부

足爲難 若當來世 後五百歲
족위난 약당래세 후오백세

其有衆生 得聞是經 信解受
기유중생 득문시경 신해수

持 是人則爲第一希有 何以
지 시인즉위제일희유 하이

故 此人 無我相人相衆生相
고 차인 무아상인상중생상

壽者相 所以者何 我相卽是
수자상 소이자하 아상즉시

非相 人相衆生相壽者相卽是
비상 인상중생상수자상즉시

非相 何以故 離一切諸相 則
비상 하이고 이일체제상 즉

名諸佛 佛告須菩提 如是如
명제불 불고수보리 여시여

是 若復有人 得聞是經 不驚
시 약부유인 득문시경 불경

不怖不畏 當知是人 甚爲希
불포불외 당지시인 심위희

有 何以故 須菩提 如來說第
유 하이고 수보리 여래설제

一波羅蜜 非第一波羅蜜 是名
일바라밀 비제일바라밀 시명

第一波羅蜜 須菩提 忍辱波
제일바라밀 수보리 인욕바

羅蜜 如來說非忍辱波羅蜜 何
라밀 여래설비인욕바라밀 하

以故 須菩提 如我昔爲歌利王
이고 수보리 여아석위가리왕

割截身體 我於爾時 無我相
할절신체 아어이시 무아상

無人相 無衆生相 無壽者相
무인상 무중생상 무수자상

何以故 我於往昔節節支解時
하이고 아어왕석절절지해시

若有我相人相衆生相壽者相
약유아상인상중생상수자상

應生瞋恨 須菩提 又念過去
응생진한 수보리 우념과거

於五百世 作忍辱仙人 於爾所
어오백세 작인욕선인 어이소

世 無我相 無人相 無衆生相
세　무　아　상　무　인　상　무　중　생　상

無壽者相 是故 須菩提 菩薩
무　수　자　상　시　고　수　보　리　보　살

應離一切相 發阿耨多羅三藐
응　리　일　체　상　발　아　누　다　라　삼　막

三菩提心 不應住色生心 不
삼　보　리　심　불　응　주　색　생　심　불

應住聲香味觸法生心 應生無
응　주　성　향　미　촉　법　생　심　응　생　무

所住心 若心有住 則爲非住
소　주　심　약　심　유　주　즉　위　비　주

是故 佛說菩薩 心不應住色
시　고　불　설　보　살　심　불　응　주　색

布施 須菩提 菩薩 爲利益一
보　시　수　보　리　보　살　위　이　익　일

38

切衆生　應如是布施　如來說
체 중 생　응 여 시 보 시　여 래 설

一切諸相　卽是非相　又說一
일 체 제 상　즉 시 비 상　우 설 일

切衆生　則非衆生　須菩提　如
체 중 생　즉 비 중 생　수 보 리　여

來　是眞語者　實語者　如語者
래　시 진 어 자　실 어 자　여 어 자

不誑語者　不異語者　須菩提
불 광 어 자　불 이 어 자　수 보 리

如來所得法　此法無實無虛
여 래 소 득 법　차 법 무 실 무 허

須菩提　若菩薩　心住於法
수 보 리　약 보 살　심 주 어 법

而行布施　如人入闇　則無所
이 행 보 시　여 인 입 암　즉 무 소

見 若菩薩 心不住法 而行布
견 약보살 심부주법 이행보

施 如人有目 日光明照 見種
시 여인유목 일광명조 견종

種色 須菩提 當來之世 若有
종색 수보리 당래지세 약유

善男子善女人 能於此經 受
선 남 자 선 여 인 능 어 차 경 수

持讀誦 則爲如來 以佛智慧
지 독 송 즉 위 여 래 이 불 지 혜

悉知是人 悉見是人 皆得成
실 지 시 인 실 견 시 인 개 득 성

就無量無邊功德
취 무 량 무 변 공 덕

十五. 持經功德分
지 경 공 덕 분

須菩提 若有善男子善女人
수 보 리　　약 유 선 남 자 선 여 인

初日分 以恒河沙等身布施 中
초 일 분　 이 항 하 사 등 신 보 시　 중

日分 復以恒河沙等身布施
일 분　　부 이 항 하 사 등 신 보 시

後日分 亦以恒河沙等身布施
후 일 분　 역 이 항 하 사 등 신 보 시

如是無量百千萬億劫 以身布
여 시 무 량 백 천 만 억 겁　 이 신 보

施 若復有人 聞此經典 信心
시　 약 부 유 인　 문 차 경 전　 신 심

不逆 其福勝彼 何況書寫受
불 역　 기 복 승 피　 하 황 서 사 수

41

持讀誦 爲人解說 須菩提 以
지 독 송　위 인 해 설　수 보 리　이

要言之 是經 有不可思議不
요 언 지　시 경　유 불 가 사 의 불

可稱量無邊功德 如來爲發大
가 칭 량 무 변 공 덕　여 래 위 발 대

乘者說 爲發最上乘者說 若
승 자 설　위 발 최 상 승 자 설　약

有人 能受持讀誦 廣爲人說
유 인　능 수 지 독 송　광 위 인 설

如來悉知是人 悉見是人 皆
여 래 실 지 시 인　실 견 시 인　개

得成就不可量不可稱無有邊
득 성 취 불 가 량 불 가 칭 무 유 변

不可思議功德 如是人等 則
불 가 사 의 공 덕　여 시 인 등　즉

爲荷擔如來阿耨多羅三藐三
위 하 담 여 래 아 누 다 라 삼 먁 삼

菩提 何以故 須菩提 若樂小
보 리　　하 이 고　　수 보 리　　약 요 소

法者 着我見人見衆生見壽
법 자　　착 아 견 인 견 중 생 견 수

者見 則於此經 不能聽受讀
자 견　　즉 어 차 경　　불 능 청 수 독

誦 爲人解說 須菩提 在在處
송　　위 인 해 설　　수 보 리　　재 재 처

處 若有此經 一切世間天人
처　　약 유 차 경　　일 체 세 간 천 인

阿修羅 所應供養 當知此處
아 수 라　　소 응 공 양　　당 지 차 처

則爲是塔 皆應恭敬 作禮圍
즉 위 시 탑　　개 응 공 경　　작 례 위

43

繞　以諸華香　而散其處
요　이제화향　이산기처

十六.　能淨業障分
능정업장분

復次　須菩提　善男子善女人
부차　수보리　선남자선여인

受持讀誦此經　若爲人輕賤
수지독송차경　약위인경천

是人　先世罪業　應墮惡道　以
시인　선세죄업　응타악도　이

今世人輕賤故　先世罪業　則
금세인경천고　선세죄업　즉

爲消滅　當得阿耨多羅三藐三
위소멸　당득아누다라삼먁삼

44

菩提 須菩提 我念過去無量
보리 수보리 아념과거무량

阿僧祇劫 於然燈佛前 得値
아 승 기 겁 어 연 등 불 전 득 치

八百四千萬億那 由他諸佛
팔 백 사 천 만 억 나 유 타 제 불

悉皆供養承事 無空過者 若
실 개 공 양 승 사 무 공 과 자 약

復有人 於後末世 能受持讀
부 유 인 어 후 말 세 능 수 지 독

誦此經 所得功德 於我所供
송 차 경 소 득 공 덕 어 아 소 공

養諸佛功德 百分不及一
양 제 불 공 덕 백 분 불 급 일

千萬億分 乃至算數譬喩 所
천 만 억 분 내 지 산 수 비 유 소

不能及 須菩提 若善男子善
불 능 급 　수 보 리 　약 선 남 자 선

女人 於後末世 有受持讀誦
여 인 　어 후 말 세 　유 수 지 독 송

此經 所得功德 我若具說者
차 경 　소 득 공 덕 　아 약 구 설 자

或有人聞 心則狂亂 狐疑不
혹 유 인 문 　심 즉 광 란 　호 의 불

信 須菩提 當知 是經義 不可
신 　수 보 리 　당 지 　시 경 의 　불 가

思議 果報亦不可思議
사 의 　과 보 역 불 가 사 의

十七. 究竟無我分
구 경 무 아 분

爾時　須菩提白佛言　世尊　善
이시　수보리백불언　세존　선

男子善女人　發阿耨多羅三
남자선여인　발아누다라삼

藐三菩提心　云何應住　云何
먁삼보리심　운하응주　운하

降伏其心　佛告須菩提　善男
항복기심　불고수보리　선남

子善女人　發阿耨多羅三藐三
자선여인　발아누다라삼먁삼

菩提者　當生如是心　我應滅
보리자　당생여시심　아응멸

度一切衆生　滅度一切衆生已
도일체중생　멸도일체중생이

而無有一衆生實滅度者 何以
이 무 유 일 중 생 실 멸 도 자 하 이

故 須菩提 若菩薩 有我相
고 수 보 리 약 보 살 유 아 상

人相衆生相壽者相 則非菩薩
인 상 중 생 상 수 자 상 즉 비 보 살

所以者何 須菩提 實無有法
소 이 자 하 수 보 리 실 무 유 법

發阿耨多羅三藐三菩提者 須
발 아 누 다 라 삼 먁 삼 보 리 자 수

菩提 於意云何 如來於然燈
보 리 어 의 운 하 여 래 어 연 등

佛所 有法得阿耨多羅三藐三
불 소 유 법 득 아 누 다 라 삼 먁 삼

菩提不 不也世尊 如我解佛
보 리 부 불 야 세 존 여 아 해 불

所說義 佛於然燈佛所 無有法
소 설 의　불 어 연 등 불 소　무 유 법

得阿耨多羅三藐三菩提 佛言
득 아 누 다 라 삼 먁 삼 보 리　불 언

如是如是　須菩提　實無有法
여 시 여 시　수 보 리　실 무 유 법

如來得阿耨多羅三藐三菩提
여 래 득 아 누 다 라 삼 먁 삼 보 리

須菩提　若有法如來得阿耨多
수 보 리　약 유 법 여 래 득 아 누 다

羅三藐三菩提者　然燈佛　則
라 삼 먁 삼 보 리 자　연 등 불　즉

不與我受記　汝於來世　當得
불 여 아 수 기　여 어 래 세　당 득

作佛　號釋迦牟尼　以實無有
작 불　호 석 가 모 니　이 실 무 유

49

法得阿耨多羅三藐三菩提 是
법 득 아 누 다 라 삼 먁 삼 보 리　시

故　然燈佛　與我受記　作是言
고　연 등 불　여 아 수 기　작 시 언

汝於來世　當得作佛　號釋迦
여 어 래 세　당 득 작 불　호 석 가

牟尼　何以故　如來者　卽諸法
모 니　하 이 고　여 래 자　즉 제 법

如義　若有人言　如來得阿耨
여 의　약 유 인 언　여 래 득 아 누

多羅三藐三菩提　須菩提　實
다 라 삼 먁 삼 보 리　수 보 리　실

無有法佛得阿耨多羅三藐三
무 유 법 불 득 아 누 다 라 삼 먁 삼

菩提　須菩提　如來所得阿耨
보 리　수 보 리　여 래 소 득 아 누

多羅三藐三菩提 於是中 無
다 라 삼 먁 삼 보 리 어 시 중 무

實無虛 是故 如來說 一切法
실 무 허 시 고 여 래 설 일 체 법

皆是佛法 須菩提 所言一切
개 시 불 법 수 보 리 소 언 일 체

法者 卽非一切法 是故 名一
법 자 즉 비 일 체 법 시 고 명 일

切法 須菩提 譬如人身長大
체 법 수 보 리 비 여 인 신 장 대

須菩提言 世尊 如來說人身
수 보 리 언 세 존 여 래 설 인 신

長大 則爲非大身 是名大身
장 대 즉 위 비 대 신 시 명 대 신

須菩提 菩薩亦如是 若作是
수 보 리 보 살 역 여 시 약 작 시

51

言 我當滅度 無量衆生 則不
언 아당멸도 무량중생 즉불

名菩薩 何以故 須菩提 實無
명보살 하이고 수보리 실무

有法名爲菩薩 是故 佛說一
유법명위보살 시고 불설일

切法 無我無人無衆生無壽者
체법 무아무인무중생무수자

須菩提 若菩薩作是言 我當
수보리 약보살작시언 아당

莊嚴佛土 是不名菩薩 何以
장엄불토 시불명보살 하이

故 如來說莊嚴佛土者 卽非
고 여래설장엄불토자 즉비

莊嚴 是名莊嚴 須菩提 若菩
장엄 시명장엄 수보리 약보

薩　通達無我法者　如來說名
살　통달무아법자　여래설명

眞是菩薩
진시보살

十八. 一體同觀分
일체동관분

須菩提　於意云何　如來有肉
수보리　어의운하　여래유육

眼不　如是世尊　如來有肉眼
안부　여시세존　여래유육안

須菩提　於意云何　如來有天
수보리　어의운하　여래유천

眼不　如是世尊　如來有天眼
안부　여시세존　여래유천안

須菩提 於意云何 如來有慧
수 보 리　어 의 운 하　여 래 유 혜

眼不 如是世尊 如來有慧眼
안 부　여 시 세 존　여 래 유 혜 안

須菩提 於意云何 如來有法
수 보 리　어 의 운 하　여 래 유 법

眼不 如是世尊 如來有法眼
안 부　여 시 세 존　여 래 유 법 안

須菩提 於意云何 如來有
수 보 리　어 의 운 하　여 래 유

佛眼不 如是世尊 如來有佛
불 안 부　여 시 세 존　여 래 유 불

眼 須菩提 於意云何 如恒河
안　수 보 리　어 의 운 하　여 항 하

中所有沙 佛說是沙不 如是
중 소 유 사　불 설 시 사 부　여 시

世尊 如來說是沙 須菩提 於
세존 여래설시사 수보리 어

意云何 如一恒河中所有沙
의 운 하 여 일 항 하 중 소 유 사

有如是等恒河 是諸恒河所有
유 여 시 등 항 하 시 제 항 하 소 유

沙數佛世界 如是寧爲多不
사 수 불 세 계 여 시 영 위 다 부

甚多世尊 佛告須菩提 爾所
심 다 세 존 불 고 수 보 리 이 소

國土中 所有衆生 若干種心
국 토 중 소 유 중 생 약 간 종 심

如來悉知 何以故 如來說諸
여 래 실 지 하 이 고 여 래 설 제

心 皆爲非心 是名爲心 所以
심 개 위 비 심 시 명 위 심 소 이

者何 須菩提 過去心不可得
자 하　수 보 리　과 거 심 불 가 득

現在心不可得 未來心不可得
현 재 심 불 가 득　미 래 심 불 가 득

十九. 法界通化分
법 계 통 화 분

須菩提 於意云何 若有人 滿
수 보 리　어 의 운 하　약 유 인　만

三千大千世界七寶 以用布施
삼 천 대 천 세 계 칠 보　이 용 보 시

是人 以是因緣 得福多不 如
시 인　이 시 인 연　득 복 다 부　여

是世尊 此人 以是因緣 得福
시 세 존　차 인　이 시 인 연　득 복

甚多 須菩提 若福德有實 如
심다 수보리 약복덕유실 여

來不說得福德多 以福德無故
래불설득복덕다 이복덕무고

如來說得福德多
여래설득복덕다

二十. 離色離相分
이 색 이 상 분

須菩提 於意云何 佛可以具
수보리 어의운하 불가이구

足色身見不 不也世尊 如來
족색신견부 불야세존 여래

不應以具足色身見 何以故
불응이구족색신견 하이고

57

如來說具足色身 卽非具足色
여 래 설 구 족 색 신　즉 비 구 족 색

身 是名具足色身 須菩提 於
신　시 명 구 족 색 신　수 보 리 어

意云何 如來可以具足諸相見
의 운 하　여 래 가 이 구 족 제 상 견

不 不也世尊 如來不應以具
부　불 야 세 존　여 래 불 응 이 구

足諸相見 何以故 如來說
족 제 상 견　하 이 고　여 래 설

諸相具足 卽非具足 是名諸
제 상 구 족　즉 비 구 족　시 명 제

相具足
상 구 족

二十一. 非說所說分

비 설 소 설 분

須菩提 汝勿謂如來作是念
수 보 리　여 물 위 여 래 작 시 념

我當有所說法 莫作是念 何
아 당 유 소 설 법　막 작 시 념　하

以故 若人言 如來有所說法
이 고　약 인 언　여 래 유 소 설 법

卽爲謗佛 不能解我所說故
즉 위 방 불　불 능 해 아 소 설 고

須菩提 說法者 無法可說 是
수 보 리　설 법 자　무 법 가 설 시

名說法 爾時 慧命須菩提 白
명 설 법　이 시 혜 명 수 보 리　백

佛言 世尊 頗有衆生 於未來
불 언 세 존　파 유 중 생　어 미 래

世　聞說是法　生信心不　佛言
세　문설시법　생신심부　불언

須菩提　彼非衆生　非不衆生
수 보 리　피비중생　비불중생

何以故　須菩提　衆生衆生者
하 이 고　수 보 리　중생중생자

如來說非衆生　是名衆生
여래설비중생　시명중생

二十二. 無法可得分
무 법 가 득 분

須菩提白佛言　世尊　佛得阿
수 보 리백불언　세 존　불 득 아

耨多羅三藐三菩提　爲無所得
누 다 라 삼 먁 삼 보 리　위 무 소 득

耶 佛言 如是如是 須菩提 我
야 불언 여시여시 수보리 아

於阿耨多羅三藐三菩提 乃至
어 아누다라삼먁삼보리 내지

無有少法可得 是名阿耨多羅
무 유 소 법 가 득 시 명 아 누 다 라

三藐三菩提
삼 먁 삼 보 리

二十三. 淨心行善分
정 심 행 선 분

復次 須菩提 是法平等 無有
부차 수 보리 시법평등 무유

高下 是名阿耨多羅三藐三菩
고 하 시 명 아 누 다 라 삼 먁 삼 보

提 以無我無人無衆生無壽
리 이 무 아 무 인 무 중 생 무 수

者 修一切善法 則得阿耨多
자 수 일 체 선 법 즉 득 아 누 다

羅三藐三菩提 須菩提 所言
라 삼 먁 삼 보 리 수 보 리 소 언

善法者 如來說 卽非善法 是
선 법 자 여 래 설 즉 비 선 법 시

名善法
명 선 법

二十四. 福智無比分
복 지 무 비 분

須菩提 若三千大千世界中
수 보 리 약 삼 천 대 천 세 계 중

62

所有諸須彌山王　如是等七
소 유 제 수 미 산 왕　여 시 등 칠

寶聚　有人　持用布施　若人 以
보 취　유 인　지 용 보 시　약 인 이

此般若波羅蜜經　乃至四句偈
차 반 야 바 라 밀 경　내 지 사 구 게

等　受持讀誦　爲他人說　於前
등　수 지 독 송　위 타 인 설　어 전

福德　百分不及一　百千萬億
복 덕　백 분 불 급 일　백 천 만 억

分　乃至算數譬喩　所不能及
분　내 지 산 수 비 유　소 불 능 급

二十五. 化無所化分
화 무 소 화 분

須菩提 於意云何 汝等勿謂
수 보 리 어 의 운 하 여 등 물 위

如來作是念 我當度衆生 須
여 래 작 시 념 아 당 도 중 생 수

菩提 莫作是念 何以故 實無
보 리 막 작 시 념 하 이 고 실 무

有衆生如來度者 若有衆生
유 중 생 여 래 도 자 약 유 중 생

如來度者 如來則有我人衆生
여 래 도 자 여 래 즉 유 아 인 중 생

壽者 須菩提 如來說 有我者
수 자 수 보 리 여 래 설 유 아 자

則非有我 而凡夫之人 以爲
즉 비 유 아 이 범 부 지 인 이 위

有我 須菩提 凡夫者 如來說
유아 수보리 범부자 여래설

則非凡夫
즉비범부

二十六. 法身非相分
법 신 비 상 분

須菩提 於意云何 可以三十
수 보 리 어의운하 가 이 삼 십

二相 觀如來不 須菩提言 如
이 상 관여래부 수 보 리 언 여

是如是 以三十二相 觀如來
시 여 시 이 삼 십 이 상 관 여 래

佛言 須菩提 若以三十二相
불 언 수 보 리 약 이 삼 십 이 상

觀如來者 轉輪聖王 則是如
관 여 래 자　전 륜 성 왕　즉 시 여

來 須菩提白佛言 世尊 如我
래　수 보 리 백 불 언　세 존　여 아

解佛所說義 不應以三十二相
해 불 소 설 의　불 응 이 삼 십 이 상

觀如來 爾時世尊 而說偈言
관 여 래　이 시 세 존　이 설 게 언

若以色見我 以音聲求我
약 이 색 견 아　이 음 성 구 아

是人行邪道 不能見如來
시 인 행 사 도　불 능 견 여 래

二十七. 無斷無滅分

무 단 무 멸 분

須菩提 汝若作是念 如來不

수 보 리 여 약 작 시 념 여 래 불

以具足相故 得阿耨多羅三藐

이 구 족 상 고 득 아 누 다 라 삼 먁

三菩提 須菩提 莫作是念 如

삼 보 리 수 보 리 막 작 시 념 여

來不以具足相故 得阿耨多羅

래 불 이 구 족 상 고 득 아 누 다 라

三藐三菩提 須菩提 汝若作

삼 먁 삼 보 리 수 보 리 여 약 작

是念 發阿耨多羅三藐三菩提

시 념 발 아 누 다 라 삼 먁 삼 보 리

者 說諸法斷滅相 莫作是念

자 설 제 법 단 멸 상 막 작 시 념

何以故 發阿耨多羅三藐三菩
하 이 고   발 아 누 다 라 삼 먁 삼 보

提心者 於法 不說斷滅相
리 심 자   어 법   불 설 단 멸 상

二十八. 不受不貪分
불 수 불 탐 분

須菩提 若菩薩 以滿恒河沙
수 보 리   약 보 살   이 만 항 하 사

等世界七寶 持用布施 若復
등 세 계 칠 보   지 용 보 시   약 부

有人 知一切法無我 得成於
유 인   지 일 체 법 무 아   득 성 어

忍 此菩薩 勝前菩薩所得功
인   차 보 살   승 전 보 살 소 득 공

68

德 須菩提 以諸菩薩 不受福
덕　수보리　이제보살　불수복

德故 須菩提白佛言 世尊 云
덕고　수보리백불언　세존　운

何菩薩 不受福德 須菩提 菩
하보살　불수복덕　수보리　보

薩 所作福德 不應貪着 是故
살　소작복덕　불응탐착　시고

說不受福德
설불수복덕

二十九. 威儀寂靜分
　　　　위　의　적　정　분

須菩提 若有人言 如來若來
수보리　약유인언　여래약래

若去若坐若臥 是人 不解我
약 거 약 좌 약 와　시 인　불 해 아

所說義　何以故　如來者　無所
소 설 의　하 이 고　여 래 자　무 소

從來　亦無所去　故名如來
종 래　역 무 소 거　고 명 여 래

三十. 一合理相分
일 합 이 상 분

須菩提　若善男子善女人　以
수 보 리　약 선 남 자 선 여 인　이

三千大千世界　碎爲微塵　於
삼 천 대 천 세 계　쇄 위 미 진　어

意云何　是微塵衆　寧爲多不
의 운 하　시 미 진 중　영 위 다 부

甚 多 世 尊　何 以 故　若 是 微 塵
심 다 세 존　하 이 고　약 시 미 진

衆　實 有 者　佛 則 不 說 是 微 塵
중　실 유 자　불 즉 불 설 시 미 진

衆　所 以 者 何　佛 說 微 塵 衆　則
중　소 이 자 하　불 설 미 진 중　즉

非 微 塵 衆　是 名 微 塵 衆　世 尊
비 미 진 중　시 명 미 진 중　세 존

如 來 所 說 三 千 大 千 世 界　則 非
여 래 소 설 삼 천 대 천 세 계　즉 비

世 界　是 名 世 界　何 以 故　若 世
세 계　시 명 세 계　하 이 고　약 세

界　實 有 者　則 是 一 合 相　如 來
계　실 유 자　즉 시 일 합 상　여 래

說 一 合 相　則 非 一 合 相　是 名
설 일 합 상　즉 비 일 합 상　시 명

一合相　須菩提　一合相者　則
일합상　수보리　일합상자　즉

是不可說　但凡夫之人　貪着
시불가설　단범부지인　탐착

其事
기사

三十一.　知見不生分
지견불생분

須菩提　若人言　佛說我見人
수보리　약인언　불설아견인

見衆生見壽者見　須菩提　於
견중생견수자견　수보리　어

意云何　是人　解我所說義不
의운하　시인　해아소설의부

不也世尊 是人 不解如來所
불 야 세 존   시 인   불 해 여 래 소

說義 何以故 世尊說我見人
설 의   하 이 고   세 존 설 아 견 인

見衆生見壽者見 卽非我見
견 중 생 견 수 자 견   즉 비 아 견

人見衆生見壽者見 是名我見
인 견 중 생 견 수 자 견   시 명 아 견

人見衆生見壽者見 須菩提
인 견 중 생 견 수 자 견   수 보 리

發阿耨多羅三藐三菩提心者
발 아 누 다 라 삼 먁 삼 보 리 심 자

於一切法 應如是知 如是見
어 일 체 법   응 여 시 지   여 시 견

如是信解 不生法相 須菩提
여 시 신 해   불 생 법 상   수 보 리

所言法相者 如來說卽非法相

소 언 법 상 자　여 래 설 즉 비 법 상

是名法相

시 명 법 상

三十二. 應化非眞分

응 화 비 진 분

須菩提　若有人　以滿無量阿

수 보 리　약 유 인　이 만 무 량 아

僧祇世界七寶　持用布施　若

승 기 세 계 칠 보　지 용 보 시　약

有善男子善女人　發菩薩心者

유 선 남 자 선 여 인　발 보 살 심 자

持於此經　乃至四句偈等　受

지 어 차 경　내 지 사 구 게 등　수

74

持讀誦 爲人演說 其福勝彼
지 독 송 위 인 연 설 기 복 승 피

云何爲人演說 不取於相 如
운 하 위 인 연 설 불 취 어 상 여

如不動 何以故
여 부 동 하 이 고

一切有爲法 如夢幻泡影
일 체 유 위 법 여 몽 환 포 영

如露亦如電 應作如是觀
여 로 역 여 전 응 작 여 시 관

佛說是經已 長老須菩提
불 설 시 경 이 장 로 수 보 리

及諸比丘比丘尼 優婆塞優
급 제 비 구 비 구 니 우 바 새 우

婆夷 一切世間天人阿修羅
바 이 일 체 세 간 천 인 아 수 라

75

聞佛所說 皆大歡喜 信受
문 불 소 설 개 대 환 희 신 수

奉行
봉 행

金剛般若波羅蜜經
금 강 반 야 바 라 밀 경

眞言
진언

那謨婆伽跋帝　鉢喇壤　波羅
나 모 바 가 발 제　발 라 양　파 라

弭多曳　唵　伊利底　伊室利　輸
미 다 예　옴　이 리 저　이 실 리　수

盧馱　毘舍耶　毘舍耶　莎婆訶
로 타　비 사 야　비 사 야　사 바 하

확고한 지혜의 완성에 이르는 길

대한불교조계종 교육원 옮김

1. 법회의 인연

이와 같이 나는 들었습니다. 어느 때 부처님께서 거룩한 비구 천이백오십 명과 함께 사위국 기수급고독원에 계셨습니다. 그때 세존께서는 공양 때가 되어 가사를 입고 발우를 들고 걸식하고자 사위대성에 들어가셨습니다. 성 안에서 차례로 걸식하신 후 본래의 처소로 돌아와 공양을 드신 뒤 가사와 발우를 거두고 발을 씻으신 다음 자리를 펴고 앉으셨습니다.

2. 수보리가 법을 물음

그때 대중 가운데 있던 수보리 장로가 자리에서 일어나 오른쪽 어깨를 드러내고 오른 무릎을 땅에 대며 합장하고 공손히 부처님께 여쭈었습니다.

"경이롭습니다, 세존이시여! 여래께서는 보살들을 잘 보호해 주시며 보살들을 잘 격려해 주십니다. 세존이시여! 가장 높고 바른 깨달음을 얻고자 하는 선남자 선여인이 어떻게 살아야 하며 어떻게 그 마음을 다스려야 합니까?"

부처님께서 말씀하셨습니다.

"훌륭하고 훌륭하다. 수보리여! 그대의 말과 같이 여래는 보살들을 잘 보호해 주며 보살들을 잘 격려해 준다. 그대는 자세히 들어라. 그대에게 설하리라. 가장 높고 바른 깨달음을 얻고자 하는 선남자 선여인은 이와 같이 살아야 하며 이와 같이 그 마음을 다스려야 한다."

"예, 세존이시여!"라고 하며 수보리는 즐거이 듣고자 하였습니다.

3. 대승의 근본 뜻

부처님께서 수보리에게 말씀하셨습니다.

"모든 보살마하살은 다음과 같이 그 마음을 다스려야 한다. '알에서 태어난 것이나, 태에서 태어난 것이나, 습기에서 태어난 것이나, 변화하여 태어난 것이나, 형상이 있는 것이나, 형상이 없는 것이나, 생각이 있는 것이나, 생각이 없는 것이나, 생각이 있는 것도 아니고 없는 것도 아닌 온갖 중생들을 내가 모두 완전한 열반에 들게 하리라. 이와 같이 헤아릴 수 없이 많은 중생을 열반에 들게 하였으나, 실제로는 완전한 열반을 얻은 중생이 아무도 없다.'

왜냐하면 수보리여! 보살에게 자아가 있다는 관념, 개아가 있다는 관념, 중생이 있다는 관념, 영혼이 있다는 관념이 있다면 보살이 아니기 때문이다."

4. 집착 없는 보시

"또한 수보리여! 보살은 어떤 대상에도 집착 없이 보시해야 한다. 말하자면 형색에 집착 없이 보시해야 하며 소리, 냄새, 맛, 감촉, 마음의 대상에도 집착 없이 보시해야 한다.

수보리여! 보살은 이와 같이 보시하되 어떤 대상에 대한 관념에도 집착하지 않아야 한다. 왜냐하면 보살이 대상에 대한 관념에 집착 없이 보시한다면 그 복덕은 헤아릴 수 없기 때문이다.

수보리여! 그대 생각은 어떠한가? 동쪽 허공을 헤아릴 수 있겠는가?"

"없습니다, 세존이시여!"

"수보리여! 남서북방, 사이사이, 아래 위 허공을 헤아릴 수 있겠는가?"

"없습니다, 세존이시여!"

"수보리여! 보살이 대상에 대한 관념에 집착하지 않고 보시하는 복덕도 이와 같이 헤아릴 수 없다. 수보리여! 보살은 반드시 가르친 대로 살아야 한다."

5. 여래의 참모습

"수보리여! 그대 생각은 어떠한가? 신체적 특징을 가지고 여래라고 볼 수 있는가?"

"없습니다, 세존이시여! 신체적 특징을 가지고 여래라고 볼 수는 없습니다. 왜냐하면 여래께서 말씀하신 신체적 특징은 바로 신체적 특징이 아니기 때문입니다."

부처님께서 수보리에게 말씀하셨습니다.

"신체적 특징들은 모두 헛된 것이니 신체적 특징이 신체적 특징 아님을 본다면 바로 여래를 보리라."

6. 깊은 믿음

수보리가 부처님께 여쭈었습니다.

"세존이시여! 이와 같은 말씀을 듣고 진실한 믿음을 내는 중생들이 있겠습니까?"

부처님께서 수보리에게 말씀하셨습니다.

"그런 말 하지 말라. 여래가 열반에 든 오백년 뒤에도 계를 지니고 복덕을 닦는 이는 이러한 말에 신심을 낼 수 있고 이것을 진실한 말로 여길 것이다. 이 사람은 한 부처님이나 두 부처님, 서너 다섯 부처님께 선근을 심었을 뿐만 아니라 이미 한량없는 부처님 처소에서 여러 가지 선근을 심었으므로 이 말씀을 듣고 잠깐이라도 청정한 믿음을 내는 자임을 알아야 한다.

수보리여! 여래는 이러한 중생들이 이와 같이 한량없는 복덕 얻음을 다 알고 다 본다. 왜냐하면 이러한 중생들은 다시는 자아가 있다는 관념, 개아가 있다는 관념, 중생이 있다는 관념, 영혼이 있다는 관념이 없고, 법이라는 관념이 없으며 법이 아니라는 관념도 없기 때문이다.

왜냐하면 이러한 중생들이 마음에 관념을 가지면 자아·개아·중생·영혼에 집착하는 것이고 법이라는 관념을 가지면 자아·개아·중생·영혼에 집착하는 것이기 때문이다.

왜냐하면 법이 아니라는 관념을 가져도 자아·개아·중생·영혼에 집착하는 것이기 때문이다. 그러므로 법에 집착해도 안 되고 법 아닌 것에 집착해서도 안 된다.

그러기에 여래는 늘 설했다. 너희 비구들이여! 나의 설법은 뗏목과 같은 줄 알아라. 법도 버려야 하거늘 하물며 법 아닌 것이랴!"

7. 깨침과 설법이 없음

"수보리여! 그대 생각은 어떠한가? 여래가 가장 높고 바른 깨달음을 얻었는가? 여래가 설한 법이 있는가?"

수보리가 대답하였습니다.

"제가 부처님께서 말씀하신 뜻을 이해하기로는 가장 높고 바른 깨달음이라 할 만한 정해진 법이 없고, 또한 여래께서 설한 단정적인 법도 없습니다. 왜냐하면 여래께서 설한 법은 모두 얻을 수도 없고 설할 수도 없으며, 법도 아니고 법 아님도 아니기 때문입니다. 그것은 모든 성현들이 다 무위법 속에서 차이가 있는 까닭입니다."

8. 부처와 깨달음의 어머니, 금강경

"수보리여! 그대 생각은 어떠한가? 어떤 사람이 삼천대천세계에 칠보를 가득 채워 보시한다면 이 사람의 복덕이 진정 많겠는가?"

수보리가 대답하였습니다.

"매우 많습니다, 세존이시여! 왜냐하면 이 복덕은 바로 복덕의 본질이 아닌 까닭에 여래께서는 복덕이 많다고 하셨기 때문입니다."

"다시 어떤 사람이 이 경의 사구게만이라도 받고 지니고 다른 사람을 위해 설해 준다고 하자. 그러면 이 복이 저 복보다 더 뛰어나다. 왜냐하면 수보리여! 모든 부처님과 모든 부처님의 가장 높고 바른 깨달음의 법은 다 이 경에서 나왔기 때문이다. 수보리여! 부처의 가르침이라고 말하는 것은 부처의 가르침이 아니다."

9. 관념과 그 관념의 부정

"수보리여! 그대 생각은 어떠한가? 수다원이 '나는 수다원과를 얻었다.'고 생각하겠는가?"

수보리가 대답하였습니다.

"아닙니다, 세존이시여! 왜냐하면 수다원은 '성자의 흐름에 든 자'라고 불리지만 들어간 곳이 없으니 형색, 소리, 냄새, 맛, 감촉, 마음의 대상에 들어가지 않는 것을 수다원이라 하기 때문입니다."

"수보리여! 그대 생각은 어떠한가? 사다함이 '나는 사다함과를 얻었다.'고 생각하겠는가?"

수보리가 대답하였습니다.

"아닙니다, 세존이시여! 왜냐하면 사다함은 '한 번만 돌아올 자'라고 불리지만 실로 돌아옴이 없는 것을 사다함이라 하기 때문입니다."

"수보리여! 그대 생각은 어떠한가? 아나함이 '나는 아나함과를 얻었다.'고 생각하겠는가?"

수보리가 대답하였습니다.

"아닙니다, 세존이시여! 왜냐하면 아나함은 '되돌아오지 않는 자'라고 불리지만 실로 되돌아오지 않음이 없는 것을 아나함이라 하기 때문입니다."

"수보리여! 그대 생각은 어떠한가? 아라한이 '나는 아라한의 경지를 얻었다.'고 생각하겠는가?"

수보리가 대답하였습니다.

"아닙니다, 세존이시여! 왜냐하면 실제 아라한이라 할 만한 법이 없기 때문입니다. 세존이시여! 아라한이 '나는 아라한의 경지를 얻었다.'고 생각한다면 자아 · 개아 · 중생 · 영혼에 집착하는 것입니다.

세존이시여! 부처님께서 저를 다툼 없는 삼매를 얻은 사람 가운데 제일이고 욕망을 여읜 제일가는 아라한이라고 말씀하셨습니다. 저는 '나는 욕망을 여읜 아라한이다.'라고 생각하지 않습니다.

세존이시여! 제가 '나는 아라한의 경지를 얻었다.'고 생각한다면 세존께서는 '수보리는 적정행을 즐기는 사람이다. 수보리는 실로 적정행을 한 것이 없으므로 수보리는 적정행을 즐긴다고 말한다.'라고 설하지 않으셨을 것입니다."

10. 불국토의 장엄

부처님께서 수보리에게 말씀하셨습니다.

"그대 생각은 어떠한가? 여래가 옛적에 연등부처님 처소에서 법을 얻은 것이 있는가?"

"없습니다, 세존이시여! 여래께서 연등부처님 처소에서 실제로 법을 얻은 것이 없습니다."

"수보리여! 그대 생각은 어떠한가? 보살이 불국토를 아름답게 꾸미는가?"

"아닙니다, 세존이시여! 왜냐하면 불국토를 아름답게 꾸민다는 것은 아름답게 꾸미는 것이 아니므로 아름답게 꾸민다고 말하기 때문입니다."

"그러므로 수보리여! 모든 보살마하살은 이와 같이 깨끗한 마음을 내어야 한다. 형색에 집착하지 않고 마음을 내어야 하고 소리, 냄새, 맛, 감촉, 마음의 대상에도 집착하지 않고 마음을 내어야 한다. 마땅히 집착 없이 그 마음을 내어야 한다.

수보리여! 어떤 사람의 몸이 산들의 왕 수미산만큼 크다면 그대 생각은 어떠한가? 그 몸이 크다고 하겠는가?"

수보리가 대답하였습니다.

"매우 큽니다, 세존이시여! 왜냐하면 부처님께서는 몸 아님을 설하셨으므로 큰 몸이라 말씀하셨기 때문입니다."

11. 무위법의 뛰어난 복덕

"수보리여! 항하의 모래 수만큼 항하가 있다면 그대 생각은 어떠한가? 이 모든 항하의 모래 수는 진정 많다고 하겠는가?"

수보리가 대답하였습니다.

"매우 많습니다, 세존이시여! 항하들만 해도 헤아릴 수 없이 많은데 하물며 그것의 모래이겠습니까?"

"수보리여! 내가 지금 진실한 말로 그대에게 말한다. 선남자 선여인이 그 항하 모래 수만큼의 삼천대천세계에 칠보를 가득 채워 보시한다면 그 복덕이 많겠는가?"

수보리가 대답하였습니다.

"매우 많습니다, 세존이시여!"

부처님께서 수보리에게 말씀하셨습니다.

"선남자 선여인이 이 경의 사구게만이라도 받고 지니고 다른 사람을 위해 설해 준다면 이 복이 저 복보다 더 뛰어나다."

12. 올바른 가르침의 존중

"또한 수보리여! 이 경의 사구게만이라도 설해지는 곳곳마다 어디든지 모든 세상의 천신·인간·아수라가 마땅히 공양할 부처님의 탑묘임을 알아야 한다. 하물며 이 경 전체를 받고 지니고 읽고 외우는 사람이랴!

수보리여! 이 사람은 가장 높고 가장 경이로운 법을 성취할 것임을 알아야 한다. 이와 같이 경전이 있는 곳은 부처님과 존경받는 제자들이 계시는 곳이다."

13. 이 경을 수지하는 방법

그때 수보리가 부처님께 여쭈었습니다.

"세존이시여! 이 경을 무엇이라 불러야 하며 저희들이 어떻게 받들어 지녀야 합니까?"

부처님께서 수보리에게 말씀하셨습니다.

"이 경의 이름은 '금강반야바라밀'이니, 이 제목으로 너희들은 받들어 지녀야 한다. 그것은 수보리여! 여래는 반야바라밀을 반야바라밀이 아니라 설하였으므로 반야바라밀이라 말한 까닭이다. 수보리여! 그대 생각은 어떠한가? 여래가 설한 법이 있는가?"

수보리가 부처님께 말씀드렸습니다.

"세존이시여! 여래께서는 설하신 법이 없습니다."

"수보리여! 그대 생각은 어떠한가? 삼천대천세계를 이루고 있는 티끌이 많다고 하겠는가?"

수보리가 대답하였습니다.

"매우 많습니다, 세존이시여!"

"수보리여! 여래는 티끌들을 티끌이 아니라고 설하였으므로 티끌이라 말한다. 여래는 세계를 세계가 아니라고 설하였으므로 세계라고 말한다. 수보리여! 그대 생각은 어떠한가? 서른두 가지 신체적 특징을 가지고 여래라고 볼 수 있는가?"

"없습니다, 세존이시여! 서른두 가지 신체적 특징을 가지고 여래라고 볼 수는 없습니다. 왜냐하면 여래께서는 서른두 가지 신체적 특징은 신체적 특징이 아니라고 설하셨으므로 서른두 가지 신체적 특징이라고 말씀하셨기 때문입니다."

"수보리여! 어떤 선남자 선여인이 항하의 모래 수만큼 목숨을 보시한다고 하자. 또 어떤 사람이 이 경의 사구게만이라도 받고 지니고 다른 사람을 위해 설해 준다고 하자. 그러면 이 복이 저 복보다 더욱 많으리라."

14. 관념을 떠난 열반

그때 수보리가 이 경 설하심을 듣고 뜻을 깊이 이해하여 감격의 눈물을 흘리며 부처님께 말씀드렸습니다.

"경이롭습니다, 세존이시여! 제가 지금까지 얻은 혜안으로는 부처님께서 이같이 깊이 있는 경전 설하심을 들은 적이 없습니다. 세존이시여! 만일 어떤 사람이 이 경을 듣고 믿음이 청정해지면 바로 궁극적 지혜가 일어날 것이니, 이 사람은 가장 경이로운 공덕을 성취할 것임을 알아야 합니다.

세존이시여! 이 궁극적 지혜라는 것은 궁극적 지혜가 아닌 까닭에 여래께서는 궁극적 지혜라고 말씀하셨습니다. 세존이시여! 제가 지금 이 같은 경전을 듣고서 믿고 이해하고 받고 지니기는 어렵지 않습니다. 그러나 미래 오백년 뒤에도 어떤 중생이 이 경전을 듣고 믿고 이해하고 받고 지닌다면 이 사람은 가장 경이로울 것입니다.

왜냐하면 이 사람은 자아가 있다는 관념, 개아가 있다는 관념, 중생이 있다는 관념, 영혼이 있다는 관념이 없기 때문입니다. 그것은 자아가 있다는 관념은 관념이 아니며, 개아가 있다는 관념, 중생이 있다는 관념, 영혼이 있다는 관념은 관념이 아닌 까닭입니다. 왜냐하면 모든 관념을 떠난 이를 부처님이라 말하기 때문입니다."

부처님께서 수보리에게 말씀하셨습니다.

"그렇다, 그렇다. 만일 어떤 사람이 이 경을 듣고 놀라지도 않고 무서워하지도 않고 두려워하지도 않는다면 이 사람은 매우 경이로운 줄 알아야 한다. 왜냐하면 수보리여! 여래는 최고의 바라밀을 최고의 바라밀이 아니라고 설하였으므로 최고의 바라밀이라 말하기 때문이다.

수보리여! 인욕바라밀을 여래는 인욕바라밀이 아니라고 설하였다. 왜냐하면 수보리여! 내가 옛적에 가리왕에게 온 몸을 마디마디 잘렸을 때, 나는 자아가 있다는 관념, 개아가 있다는 관념, 중생이 있다는 관념, 영혼이 있다는 관념이 없었기 때문이다.

왜냐하면 내가 옛날 마디마디 사지가 잘렸을 때, 자아가 있다는 관념, 개아가 있다는 관념, 중생이 있다는 관념, 영혼이 있다는 관념이 있었다면 성내고 원망하는 마음이 생겼을 것이기 때문이다.

수보리여! 여래는 과거 오백 생 동안 인욕수행자였는데 그때 자아가 있다는 관념이 없었고, 개아가 있다는 관념이 없었고, 중생이 있다는 관념이 없었고, 영혼이 있다는 관념이 없었다.

그러므로 수보리여! 보살은 모든 관념을 떠나 가장 높고 바른 깨달음의 마음을 내어야 한다.

형색에 집착 없이 마음을 내어야 하며 소리, 냄새, 맛, 감촉, 마음의 대상에도 집착 없이 마음을 내어야 한다. 마땅히 집착 없이 마음을 내어야 한다. 마음에 집착이 있다면 그것은 올바른 삶이 아니다. 그러므로 보살은 형색에 집착 없는 마음으로 보시해야 한다고 여래는 설하였다.

수보리여! 보살은 모든 중생을 이롭게 하기 위해 이와 같이 보시해야 한다. 여래는 모든 중생이란 관념은 중생이란 관념이 아니라고 설하고, 또 모든 중생도 중생이 아니라고 설한다.

수보리여! 여래는 바른 말을 하는 이고, 참된 말을 하는 이며, 이치에 맞는 말을 하는 이고, 속임 없이 말하는 이며, 사실대로 말하는 이다. 수보리여! 여래가 얻은 법에는 진실도 없고 거짓도 없다.

수보리여! 보살이 대상에 집착하는 마음으로 보시하는 것은 마치 사람이 어둠 속에 들어가면 아무것도 볼 수 없는 것과 같고 보살이 대상에 집착하지 않는 마음으로 보시하는 것은 마치 눈 있는 사람에게 햇빛이 밝게 비치면 갖가지 모양을 볼 수 있는 것과 같다.

수보리여! 미래에 선남자 선여인이 이 경전을 받고 지니고 읽고 외운다면 여래는 부처의 지혜로 이 사람들이 모두 한량없는 공덕을 성취하게 될 것임을 다 알고 다 본다."

15. 경을 수지하는 공덕

"수보리여! 선남자 선여인이 아침나절에 항하의 모래 수만큼 몸을 보시하고 점심나절에 항하의 모래 수만큼 몸을 보시하며 저녁나절에 항하의 모래 수만큼 몸을 보시하여, 이와 같이 한량없는 시간동안 몸을 보시한다고 하자.

또 어떤 사람이 이 경의 말씀을 듣고 비방하지 않고 믿는다고 하자. 그러면 이 복은 저 복보다 더 뛰어나다. 하물며 이 경전을 베껴 쓰고 받고 지니고 읽고 외우고 다른 이를 위해 설명해 줌이랴!

수보리여! 간단하게 말하면 이 경에는 생각할 수도 없고 헤아릴 수도 없는 한없는 공덕이 있다. 여래는 대승에 나아가는 이를 위해 설하며 최상승에 나아가는 이를 위해 설한다.

어떤 사람이 이 경을 받고 지니고 읽고 외워 널리 다른 사람을 위해 설해 준다면 여래는 이 사람들이 헤아릴 수 없고 말할 수 없으며 한없고 생각할 수 없는 공덕을 성취할 것임을 다 알고 다 본다. 이와 같은 사람들은 여래의 가장 높고 바른 깨달음을 감당하게 될 것이다.

왜냐하면 수보리여! 소승법을 좋아하는 자가 자아가 있다는 견해, 개아가 있다는 견해, 중생이 있다는 견해, 영혼이 있다는 견해에 집착한다면 이 경을 듣고 받고 읽고 외우며 다른 사람을 위해 설명해 주지 못하기 때문이다.

수보리여! 이 경전이 있는 곳은 어디든지 모든 세상의 천신 · 인간 · 아수라들에게 공양을 받을 것이다. 이곳은 바로 탑이 되리니 모두가 공경하고 예배하고 돌면서 그곳에 여러 가지 꽃과 향을 뿌릴 것임을 알아야 한다."

16. 업장을 맑히는 공덕

"또한 수보리여! 이 경을 받고 지니고 읽고 외우는 선남자 선여인이 남에게 천대와 멸시를 당한다면 이 사람이 전생에 지은 죄업으로는 악도에 떨어져야 마땅하겠지만, 금생에 다른 사람의 천대와 멸시를 받았기 때문에 전생의 죄업이 소멸되고 반드시 가장 높고 바른 깨달음을 얻게 될 것이다.

수보리여! 나는 연등부처님을 만나기 전 과거 한량없는 아승기겁 동안 팔백 사천 만억 나유타의 여러 부처님을 만나 모두 공양하고 받들어 섬기며 그냥 지나친 적이 없었음을 기억한다.

만일 어떤 사람이 정법이 쇠퇴할 때 이 경을 잘 받고 지니고 읽고 외워서 얻은 공덕에 비하면, 내가 여러 부처님께 공양한 공덕은 백에 하나에도 미치지 못하고 천에 하나 만에 하나 억에 하나에도 미치지 못하며 더 나아가서 어떤 셈이나 비유로도 미치지 못한다.

수보리여! 선남자 선여인이 정법이 쇠퇴할 때 이 경을 받고 지니고 읽고 외워서 얻는 공덕을 내가 자세히 말한다면, 아마도 이 말을 듣는 이는 마음이 어지러워서 의심하고 믿지 않을 것이다. 수보리여! 이 경은 뜻이 불가사의하며 그 과보도 불가사의함을 알아야 한다."

17. 궁극의 가르침, 무아

그때 수보리가 부처님께 여쭈었습니다.

"세존이시여! 가장 높고 바른 깨달음을 얻고자 하는 선남자 선여인은 어떻게 살아야 하며 어떻게 그 마음을 다스려야 합니까?"

부처님께서 수보리에게 말씀하셨습니다.

"가장 높고 바른 깨달음을 얻고자 하는 선남자 선여인은 이러한 마음을 일으켜야 한다. '나는 일체 중생을 열반에 들게 하리라. 일체 중생을 열반에 들게 하였지만 실제로는 아무도 열반을 얻은 중생이 없다.'

왜냐하면 수보리여! 보살에게 자아가 있다는 관념, 개아가 있다는 관념, 중생이 있다는 관념, 영혼이 있다는 관념이 있다면 보살이 아니기 때문이다. 그것은 수보리여! 가장 높고 바른 깨달음에 나아가는 자라 할 법이 실제로 없는 까닭이다.

수보리여! 그대 생각은 어떠한가? 여래가 연등부처님 처소에서 얻은 가장 높고 바른 깨달음이라 할 법이 있었는가?"

"아닙니다, 세존이시여! 제가 부처님께서 말씀하신 뜻을 이해하기로는 부처님께서 연등부처님 처소에서 얻으신 가장 높고 바른 깨달음이라 할 법이 없습니다."

부처님께서 말씀하셨습니다.

"그렇다, 그렇다. 수보리여! 여래가 가장 높고 바른 깨달음을 얻은 법이 실제로 없다. 수보리여! 여래가 가장 높고 바른 깨달음을 얻은 법이 있었다면 연등부처님께서 내게 '그대는 내세에 석가모니라는 이름의 부처가 될 것이다.'라고 수기하지 않았을 것이다. 가장 높고 바른 깨달음을 얻은 법이 실제로 없었으므로 연등부처님께서 내게 '그대는 내세에는 반드시 석가모니라는 이름의 부처가 될 것이다.'라고 수기하셨던 것이다. 왜냐하면 여래는 모든 존재의 진실한 모습을 의미하기 때문이다.

어떤 사람이 여래가 가장 높고 바른 깨달음을 얻었다고 말한다면, 수보리여! 여래가 가장 높고 바른 깨달음을 얻은 법이 실제로 없다. 수보리여! 여래가 얻은 가장 높고 바른 깨달음에는 진실도 없고 거짓도 없다. 그러므로 여래는 '일체법이 모두 불법이다.'라고 설한다.

수보리여! 일체법이라 말한 것은 일체법이 아닌 까닭에 일체법이라 말한다. 수보리여! 예컨대 사람의 몸이 매우 큰 것과 같다."

수보리가 말하였습니다.

"세존이시여! 여래께서 사람의 몸이 매우 크다는 것은 큰 몸이 아니라고 설하셨으므로 큰 몸이라 말씀하셨습니다."

"수보리여! 보살도 역시 그러하다. '나는 반드시 한량없는 중생을 제도하리라.' 말한다면 보살이라 할 수 없다. 왜냐하면 수보리여! 보살이라 할 만한 법이 실제로 없기 때문이다. 그러므로 여래는 모든 법에 자아도 없고, 개아도 없고, 중생도 없고, 영혼도 없다고 설한 것이다.

수보리여! 보살이 '나는 반드시 불국토를 장엄하리라.' 말한다면 이는 보살이라 할 수 없다. 왜냐하면 여래는 불국토를 장엄한다는 것은 장엄하는 것이 아니라고 설하였으므로 장엄한다고 말하기 때문이다.

수보리여! 보살이 무아의 법에 통달한다면 여래는 이런 이를 진정한 보살이라 부른다."

18. 분별없이 관찰함

"수보리여! 그대 생각은 어떠한가? 여래에게 육안이 있는가?"

"그렇습니다, 세존이시여! 여래에게는 육안이 있습니다."

"수보리여! 그대 생각은 어떠한가? 여래에게 천안이 있는가?"

"그렇습니다, 세존이시여! 여래에게는 천안이 있습니다."

"수보리여! 그대 생각은 어떠한가? 여래에게 혜안이 있는가?"

"그렇습니다, 세존이시여! 여래에게는 혜안이 있습니다."

"수보리여! 그대 생각은 어떠한가? 여래에게 법안이 있는가?"

"그렇습니다, 세존이시여! 여래에게는 법안이 있습니다."

"수보리여! 그대 생각은 어떠한가? 여래에게 불안이 있는가?"

"그렇습니다, 세존이시여! 여래에게는 불안이 있습니다."

"수보리여! 그대 생각은 어떠한가? 여래는 항하의 모래에 대해서 설하였는가?"

"그렇습니다, 세존이시여! 여래는 이 모래에 대해 설하셨습니다."

"수보리여! 그대 생각은 어떠한가? 한 항하의 모래와 같이 이런 모래만큼의 항하가 있고 이 여러 항하의 모래 수만큼 부처님 세계가 그만큼 있다면 진정 많다고 하겠는가?"

"매우 많습니다, 세존이시여!"

부처님께서 수보리에게 말씀하셨습니다.

"그 국토에 있는 중생의 여러 가지 마음을 여래는 다 안다. 왜냐하면 여래는 여러 가지 마음이 모두 다 마음이 아니라 설하였으므로 마음이라 말하기 때문이다. 그것은 수보리여! 과거의 마음도 얻을 수 없고 현재의 마음도 얻을 수 없고 미래의 마음도 얻을 수 없는 까닭이다."

19. 복덕 아닌 복덕

"수보리여! 그대 생각은 어떠한가? 어떤 사람이 삼천대천세계에 칠보를 가득 채워 보시한다면 이 사람이 이러한 인연으로 많은 복덕을 얻겠는가?"

"그렇습니다, 세존이시여! 그 사람이 이러한 인연으로 매우 많은 복덕을 얻을 것입니다."

"수보리여! 복덕이 실로 있는 것이라면 여래는 많은 복덕을 얻는다고 말하지 않았을 것이다. 복덕이 없기 때문에 여래는 많은 복덕을 얻는다고 말한 것이다."

20. 모습과 특성의 초월

"수보리여! 그대 생각은 어떠한가? 신체적 특징을 원만하게 갖추었다고 여래라고 볼 수 있겠는가?"

"아닙니다, 세존이시여! 신체적 특징을 원만하게 갖추었다고 여래라고 볼 수는 없습니다. 왜냐하면 여래께서는 원만한 신체를 갖춘다는 것은 원만한 신체를 갖춘 것이 아니라고 설하셨으므로 원만한 신체를 갖춘 것이라고 말씀하셨기 때문입니다."

"수보리여! 그대 생각은 어떠한가? 신체적 특징을 갖추었다고 여래라고 볼 수 있겠는가?"

"아닙니다, 세존이시여! 신체적 특징을 갖추었다고 여래라고 볼 수는 없습니다. 왜냐하면 여래께서는 신체적 특징을 갖춘다는 것이 신체적 특징을 갖춘 것이 아니라고 설하셨으므로 신체적 특징을 갖춘 것이라고 말씀하셨기 때문입니다."

21. 설법 아닌 설법

"수보리여! 그대는 여래가 '나는 설한 법이 있다.'는 생각을 한다고 말하지 말라. 이런 생각을 하지 말라. 왜냐하면 '여래께서 설하신 법이 있다.'고 말한다면, 이 사람은 여래를 비방하는 것이니, 내가 설한 것을 이해하지 못했기 때문이다. 수보리여! 설법이라는 것은 설할 만한 법이 없는 것이므로 설법이라고 말한다."

그때 수보리 장로가 부처님께 여쭈었습니다.

"세존이시여! 미래에 이 법 설하심을 듣고 신심을 낼 중생이 조금이라도 있겠습니까?"

부처님께서 말씀하셨습니다.

"수보리여! 저들은 중생이 아니요 중생이 아닌 것도 아니다. 왜냐하면 수보리여! 중생 중생이라 하는 것은 여래가 중생이 아니라고 설하였으므로 중생이라 말하기 때문이다."

22. 얻을 것이 없는 법

수보리가 부처님께 여쭈었습니다.

"세존이시여! 부처님께서 가장 높고 바른 깨달음을 얻은 것은 법이 없는 것입니까?"

부처님께서 말씀하셨습니다.

"그렇다, 그렇다. 수보리여! 내가 가장 높고 바른 깨달음에서 조그마한 법조차도 얻을 만한 것이 없었으므로 가장 높고 바른 깨달음이라 말한다."

23. 관념을 떠난 선행

"또한 수보리여! 이 법은 평등하여 높고 낮은 것이 없으니, 이것을 가장 높고 바른 깨달음이라 말한다. 자아도 없고, 개아도 없고, 중생도 없고, 영혼도 없이 온갖 선법을 닦음으로써 가장 높고 바른 깨달음을 얻게 된다. 수보리여! 선법이라는 것은 선법이 아니라고 여래는 설하였으므로 선법이라 말한다."

24. 경전 수지가 최고의 복덕

"수보리여! 삼천대천세계에 있는 산들의 왕 수미산만큼의 칠보 무더기를 가지고 보시하는 사람이 있다고 하자. 또 이 반야바라밀경의 사구게만이라도 받고 지니고 읽고 외워 다른 사람을 위해 설해 주는 사람이 있다고 하자. 그러면 앞의 복덕은 뒤의 복덕에 비해 백에 하나에도 미치지 못하고 천에 하나 만에 하나 억에 하나에도 미치지 못하며 더 나아가서 어떤 셈이나 비유로도 미치지 못한다."

25. 분별없는 교화

"수보리여! 그대 생각은 어떠한가? 그대들은 여래가 '나는 중생을 제도하리라.'는 생각을 한다고 말하지 말라. 수보리여! 이런 생각을 하지 말라.

왜냐하면 여래가 제도한 중생이 실제로 없기 때문이다. 만일 여래가 제도한 중생이 있다면, 여래에게도 자아·개아·중생·영혼이 있다는 집착이 있는 것이다.

수보리여! 자아가 있다는 집착은 자아가 있다는 집착이 아니라고 여래는 설하였다. 그렇지만 범부들이 자아가 있다고 집착한다. 수보리여! 범부라는 것도 여래는 범부가 아니라고 설하였다."

26. 신체적 특징을 떠난 여래

"수보리여! 그대 생각은 어떠한가? 서른두 가지 신체적 특징으로 여래라고 볼 수 있는가?"
수보리가 대답하였습니다.
"그렇습니다, 그렇습니다. 서른두 가지 신체적 특징으로도 여래라고 볼 수 있습니다."
부처님께서 말씀하셨습니다.
"수보리여! 서른두 가지 신체적 특징으로도 여래라고 볼 수 있다면 전륜성왕도 여래겠구나!"
수보리가 부처님께 말씀드렸습니다.
"세존이시여! 제가 부처님께서 말씀하신 뜻을 이해하기로는, 서른두 가지 신체적 특징을 가지고는 여래를 볼 수 없습니다."
그때 세존께서 게송으로 말씀하셨습니다.

"형색으로 나를 보거나   음성으로 나를 찾으면
삿된 길 걸을 뿐   여래 볼 수 없으리."

27. 단절과 소멸의 초월

"수보리여! 그대가 '여래는 신체적 특징을 원만하게 갖추지 않았기 때문에 가장 높고 바른 깨달음을 얻은 것이다.'라고 생각한다면, 수보리여! '여래는 신체적 특징을 원만하게 갖추지 않았기 때문에 가장 높고 바른 깨달음을 얻은 것이다.'라고 생각하지 말라.

수보리여! 그대가 '가장 높고 바른 깨달음의 마음을 낸 자는 모든 법이 단절되고 소멸되어 버림을 주장한다.'고 생각한다면, 이런 생각을 하지 말라. 왜냐하면 가장 높고 바른 깨달음의 마음을 낸 자는 법에 대하여 단절되고 소멸된다는 관념을 말하지 않기 때문이다."

28. 탐착 없는 복덕

"수보리여! 보살이 항하의 모래 수만큼 세계에 칠보를 가득 채워 보시한다고 하자. 또 어떤 사람이 모든 법이 무아임을 알아 인욕을 성취한다고 하자. 그러면 이 보살의 공덕은 앞의 보살이 얻은 공덕보다 더 뛰어나다. 수보리여! 모든 보살들은 복덕을 누리지 않기 때문이다."

수보리가 부처님께 여쭈었습니다.

"세존이시여! 어찌하여 보살이 복덕을 누리지 않습니까?"

"수보리여! 보살은 지은 복덕에 탐욕을 내거나 집착하지 않아야 하기 때문에 복덕을 누리지 않는다고 설한 것이다."

29. 오고 감이 없는 여래

"수보리여! 어떤 사람이 '여래는 오기도 하고 가기도 하며 앉기도 하고 눕기도 한다.'고 말한다면, 그 사람은 내가 설한 뜻을 이해하지 못한 것이다. 왜냐하면 여래란 오는 것도 없고 가는 것도 없으므로 여래라고 말하기 때문이다."

30. 부분과 전체의 참모습

"수보리여! 선남자 선여인이 삼천대천세계를 부수어 가는 티끌을 만든다면, 그대 생각은 어떠한가? 이 티끌들이 진정 많겠는가?"

"매우 많습니다, 세존이시여! 왜냐하면 티끌들이 실제로 있는 것이라면 여래에서는 티끌들이라고 말씀하지 않으셨을 것이기 때문입니다. 그것은 여래에서 티끌들은 티끌들이 아니라고 설하셨으므로 티끌들이라고 말씀하신 까닭입니다.

세존이시여! 여래에서 말씀하신 삼천대천세계는 세계가 아니므로 세계라 말씀하십니다. 왜냐하면 세계가 실제로 있는 것이라면 한 덩어리로 뭉쳐진 것이겠지만, 여래에서 한 덩어리로 뭉쳐진 것은 한 덩어리로 뭉쳐진 것이 아니라고 설하셨으므로 한 덩어리로 뭉쳐진 것이라 말씀하셨기 때문입니다."

"수보리여! 한 덩어리로 뭉쳐진 것은 말할 수가 없는 것인데 범부들이 그것을 탐내고 집착할 따름이다."

31. 내지 않아야 할 관념

"수보리여! 어떤 사람이 여래가 '자아가 있다는 견해, 개아가 있다는 견해, 중생이 있다는 견해, 영혼이 있다는 견해를 설했다.'고 말한다면, 수보리여! 그대 생각은 어떠한가? 이 사람이 내가 설한 뜻을 알았다 하겠는가?"

"아닙니다, 세존이시여! 그 사람은 여래께서 설한 뜻을 알지 못한 것입니다. 왜냐하면 세존께서는 자아가 있다는 견해, 개아가 있다는 견해, 중생이 있다는 견해, 영혼이 있다는 견해가 자아가 있다는 견해, 개아가 있다는 견해, 중생이 있다는 견해, 영혼이 있다는 견해가 아니라고 설하셨으므로 자아가 있다는 견해, 개아가 있다는 견해, 중생이 있다는 견해, 영혼이 있다는 견해라고 말씀하셨기 때문입니다."

"수보리여! 가장 높고 바른 깨달음을 얻고자 하는 이는 일체법에 대하여 이와 같이 알고, 이와 같이 보며, 이와 같이 믿고 이해하여 법이라는 관념을 내지 않아야 한다. 수보리여! 법이라는 관념은 법이라는 관념이 아니라고 여래는 설하였으므로 법이라는 관념이라 말한다."

32. 관념을 떠난 교화

"수보리여! 어떤 사람이 한량없는 아승기 세계에 칠보를 가득 채워 보시한다고 하자. 또 보살의 마음을 낸 어떤 선남자 선여인이 이 경을 지니되 사구게만이라도 받고 지니고 읽고 외워 다른 사람을 위해 연설해 준다고 하자. 그러면 이 복이 저 복보다 더 뛰어나다. 어떻게 남을 위해 설명해 줄 것인가? 설명해 준다는 관념에 집착하지 말고 흔들림 없이 설명해야 한다. 왜냐하면

일체 모든 유위법은   꿈·허깨비·물거품·그림자
이슬·번개 같으니   이렇게 관찰할지라."

부처님께서 이 경을 다 설하시고 나니, 수보리 장로와 비구·비구니·우바새·우바이와 모든 세상의 천신·인간·아수라들이 부처님의 말씀을 듣고 매우 기뻐하며 믿고 받들어 행하였습니다.

회향문

사경 공덕 무량하여 삼업 중죄 소멸되니
몸과 마음 굳게 가져 보리심을 발합니다.
세세생생 보살의 길 나아가기 원하오니
시방 삼세 부처님은 증명하여 주옵소서.

개인 회향문

◈이름(법명) |　　　　　　합장　◈사경회향일 |　　　년　　　월　　　일

방 | 함 | 록

대한불교조계종

종　　　정	도림 법전
원로회의 의장	종　산
충 무 원 장	지　관
중앙종회 의장	보　선
호 계 원 장	법　등
교 육 원 장	청　화
포 교 원 장	혜　총

역경위원회

위원장	통　광
위　원	정　우
	지　오
	학　담
	정　원
	지　안
	덕　문
	해　주
	적　연

금강경편찬실무위원회

위원장	연　관
위　원	각　묵
	무　애
	송찬우
	김호성
	김호귀

교육부

교 육 부 장	법　장
교 육 국 장	성　해
연 수 국 장	범　수
교 육 차 장	전형근
교 육 팀 장	전인동
행 정 관	권상혁
행 정 관	김영미
주　임	류창하
연 수 팀 장	김성동
주　임	이승철
주　임	송재일
불교서울전문강당	조영덕

불학연구소

연 구 소 장	현　종
사 무 국 장	명　연
선 임 연 구 원	서재영
상 임 연 구 원	범　준
상 임 연 구 원	원　영
상 임 연 구 원	김광식
상 임 연 구 원	양경인
주　임	장혜정

조계종 표준
금강반야바라밀경 한문사경본(사철제본)

1판 1쇄 펴냄 2009년 3월 31일
1판 23쇄 펴냄 2025년 5월 10일

편　　역 대한불교조계종 교육원
펴 낸 이 원명
펴 낸 곳 조계종출판사

출판등록 제300-2007-78호
등록일자 2007년 4월 27일
주　　소 서울시 종로구 삼봉로 81 두산위브파밀리온 1308호
전　　화 02-720-6107
팩　　스 02-733-6708
구입문의 불교전문서점 향전(www.jbbook.co.kr) 02-2031-2070

ⓒ 대한불교조계종 교육원, 2009
ISBN 979-11-5580-197-0 03220

대한불교조계종 교육원 편역
96쪽 | 6,000원 | 2009.01.30

조계종 표준 금강반야바라밀경 독송본

『금강경』은 대승경전의 어머니로 칭송되며, 대한불교조계종의 소의경전이다. 대한불교조계종은 종도들이 『금강경』을 쉽게 독송하고, 경전에 담긴 내용을 정확히 이해할 수 있도록 금강경 편찬위원회를 구성하여 2년여의 학술연찬을 통해 발간했다. 범본 및 이역본을 참조해 공동 작업으로 한글 번역을 했으며 여러 차례 걸쳐 학술적 검증을 완료했다.

대한불교조계종 교육원 편역
108쪽 | 10,000원 | 2009.01.20

조계종 표준 금강반야바라밀경 주석본

『금강경』 주석본은 경문을 좀 더 깊이 이해하고자 하는 독자를 위하여 각주를 달아 경의 이해를 도왔다. 부록으로 한역과 범어를 대조하여 그 뜻을 한눈에 알 수 있게 했다.

대한불교조계종 교육원 편역
96쪽 | 8,000원 | 2009.03.31

조계종 표준 금강반야바라밀경 한글사경본(사철제본)

구라마집 한역본을 원본으로 하되, 의미가 모호한 부분에 대해서는 범본과 이역본을 참고함으로써 의미가 분명하게 드러나도록 해 역사성과 신뢰성도 높였다.
『금강반야바라밀경』을 사경하는 불자들의 마음이 금강석처럼 견고해지고, 마침내 사바의 고통을 건너가게 될 것이다.

대한불교조계종 교육원 편역
8,000원 | 2009.03.31

조계종 표준 금강반야바라밀경 한문사경본(사철제본)

사경은 말 그대로 부처님의 말씀이 담긴 경전을 베껴 쓰는 수행이다. 부처님의 말씀은 사경을 통해 개인의 무명을 밝히고 민족과 국경을 넘어 세계로 퍼져 나갔다. 사경은 개인적으로는 부처님의 말씀을 되새기는 수행이며, 나아가 불법을 펴는 법공양이다.
『금강반야바라밀경』을 사경하는 불자들의 마음은 금강석처럼 견고해지고, 마침내 사바의 고통을 건너가게 될 것이다.

대한불교조계종 교육원 편역
124쪽 | 6,000원 | 2009.03.30

조계종 표준 금강반야바라밀경 포켓용

손쉽게 가지고 다니면서 수시로 독송할 수 있는 아담한 사이즈로, 자동차, 버스, 지하철, 기차 등 언제 어디서나 부처님 말씀을 수지 독송할 수 있다.

지안 스님 강설
양장 364쪽 | 18,000원 | 2010.03.05

조계종 표준 **금강경 바로 읽기**

『조계종 표준 금강경』의 내용을 깊이 음미하고 이해하고자 하는 독자들을 위해 대한불교조계종 고시위원장이자 서울불학승가대학원 원장 지안 스님이 표준 금강경을 한 단락씩 읽어 가며 알기 쉽게 설명한 금강경 해설서이다.

대한불교조계종 의례위원회 편역
188X256mm

독송본
64쪽 | 5,000원 | 2015.05.22

사경본(사철제본)
120쪽 | 8,000원 | 2015.09.25

조계종 표준 우리말 천수경 독송본 · 사경본

『천수경』은 불자들이 가장 많이 독송하는 경전이다. 도량을 청정하게 장엄하는 의식으로, 예불과 각종 불공의식 등에서 빠짐없이 독송하기도 한다.

이러한 『천수경』이 대한불교조계종 의례위원회의 노력으로, 종단 표준 의례문으로 발간되었다.

독송본에는 『천수경』 못지않게 많이 독송되고 있는 『반야심경』과 「칠정례」를 함께 수록하여 신행 생활에 도움이 될 수 있도록 구성하였다.

사경본은 『천수경』을 총 6회 사경할 수 있도록 구성되어 경전을 더욱 깊이 이해하고, 신심을 증장시킬 수 있도록 하였다.

대한불교조계종 의례위원회 편역
188X256mm
112쪽 | 7,500원 | 2015.11.23

조계종 표준 우리말 반야심경 사경본(사철제본)

『반야심경』의 완전한 명칭은 '마하반야바라밀다심경'으로, 비록 짧지만 대승의 핵심 사상을 관통하고 있는 경전으로 널리 알려져 있다. 이러한 이유 때문에 한국불교의 모든 의식 때 반드시 독송되고 있다. 이 『반야심경』을 지난 2011년 10월 5일 대한불교조계종 의례위원회에서 처음 우리말로 번역 · 공포함으로써 현재 많은 사찰에서는 우리말 독송을 하고 있다. 이러한 우리말 반야심경을 사경할 수 있도록 『조계종 표준 우리말 반야심경 사경본』이 발간되었다.

이 책은 조계종 표준 우리말 반야심경을 모두 33회 사경할 수 있도록 편집되어 있다. 우리말 반야심경 사경을 통해 많은 불자들에게 신심을 키울 수 있는 계기를 마련해 줄 것이다.